시를 지으며 풀꽃처럼 옷을 짓다

오름시인선 · 70

이승은 시집

시를 지으며 풀꽃처럼 옷을 짓다

■ 시인의 말

화려한 꽃으로
피고 싶은 마음
눈길조차 주지 않은
막자란 풀꽃
거칠어진 바람에도
숨소리조차 억누르며
피어난 작은 풀잎

시를 만나
내 속에 흐려진 마음
시냇물에 씻어내듯
햇살과 바람결에
노을빛으로 물들며
시처럼 마음 밭에
꽃을 피워봅니다

2023년 11월 이승은

■ 차례

005　시인의 말

1부 _ 봄꽃들

013　봄은 앞에 와있는데
014　유채꽃 축제
015　낮잠 자는 탑정호
016　봄꽃들
017　참꽃
018　바닷가의 남겨진 조각들
019　냉이 향
020　친구
021　봄날
022　어머니
023　슬픈 바다
024　스프링코트
025　목련
026　빈자리
027　통증
028　틀
030　산불
031　홍매화 2

2부 _ 기도

035 풀꽃 적삼
036 아버지
037 보석사의 봄
038 아침 풍경
039 밥 한 끼
040 벽
041 기도
042 소낙비
043 초여름
044 찔레꽃
045 미투
046 비 온 뒤
047 자식
048 붉은 고추
049 어머니 2
050 틈
051 여름밤
052 도라지꽃

■ 차례

3부 _ 같이 걸어온 길

055 같이 걸어온 길
056 못다 한 꿈들
057 나뭇잎
058 가을날엔
059 11월을 보내며
060 얼굴
061 가을 향기
062 커피 향
063 가을 편지
064 사랑의 깊이
065 희망
066 홍시
067 폐지 줍는 그녀
068 비애
069 고구마
070 가을이 되면
071 춤사위

4부 _ 겨울 수목원에서

075　겨울 수목원에서
076　눈길을 걷다
078　불꽃
079　삶
080　통증
081　무소식
082　화가로 핀 꽃
083　눈꽃
084　바다
085　생각
086　절벽
087　흔들리는 비움
088　돌멩이
089　겨울잠을 깨우고
090　소나무
091　파도 1
092　인연
093　희망은 내 곁으로

094　평론 | 김명순 | 풀꽃처럼 옷을 짓다

제1부

봄 꽃들

흩어진 마음
사이사이 꿰매어
삶의 향기 품으니

그녀의 탄생
겨울을 보내고
고운 봄 짓는다

봄은 앞에 와있는데

파랗게 멍든 하늘은
강물에 몸을 담그고
파도와 같이 하얗게
온몸을 출렁이며 뒤척이다

가끔 산처럼 짓눌린
벼랑 끝 스치는 복잡함도
가다가 깊은 골짜기로 내몰린
빈 공간만이 침묵을 끌어안고

핼쑥한 가지에 바람이 불면
꺾이고 휘어져도 꿈틀거리며
소낙비처럼 퍼붓는 슬픔
곡예를 하듯 흔들리는 굽은 어깨

당신은 밤새 내린 이슬처럼
혈을 타고 고른 숨을 쉬다
가슴에 푸르게 불던
서산에 내린 붉은 노을

유채꽃 축제

푸른 잎새에 노란 물감을 풀 듯
드넓은 벌판에 바람이 누우면

나비 같은 노란 꽃들의 향연
바람은 나비처럼 꽃잎 위에 노닐고

물결치는 병아리 떼 몰려오듯
밀려드는 꽃무리들

햇살 아래 꽃잎에 기타를 치던 벌 나비
벌 나비 훌라춤을 추듯 너울대고

한낮에 별빛이 쏟아져 내린
꽃들의 환상 같은 노란 폭죽

낮잠 자는 탑정호

축축한 한낮의 호숫가
옥양목 펼쳐 씌운 듯
하얗게 물안개가 피어오르면

얼굴을 수려하게 내밀고
깊숙이 몸을 감춘 버들가지
휘감기는 바람에 몸을 씻는 연둣빛

고요히 잠든
한낮의 탑정호
호수를 깨우는 가랑비

봄꽃들

강가의 햇살을 밟으며 걷다 보면
물살을 가르는 웃음소리

버들가지 머릿결 닿을 듯 말 듯
봄바람에 연둣빛으로 빗질하고

산자락엔 개나리 화촉을 밝히면
분홍빛 진달래 능선을 물 드리고

날아든 벌 나비 꽃향기에 취해
살랑이는 봄바람에 수줍던 몽우리들

벚꽃 폭죽을 터트려
하얀 눈송이 날리고

길가의 꽃잎은 노을처럼
온몸을 태우는 꽃구름

참꽃

고요한 침묵
호수 위에 바람이 불면

물결로 부서지는 가슴
서러움 환각처럼 일어나

봄빛이 기울어지면
벌겋게 태운 슬픔

한 잎 두 잎
흐려지는 낯빛

봄바람
물결만 출렁출렁

바닷가의 남겨진 조각들

장항 앞바다는 그때 그대로
하늘만큼 깊은 물결 출렁이고
멀어진 저 너머 그리움만
바람 같은 물결은 눈가에 가시처럼

비릿한 모래 위 뒹구는 조개껍데기
너울처럼 한 줄기 얼음 조각들
긴 꼬리를 펼치고 누워
파도로 웅성거리는 송림의 봄바다

그 갯벌의 그 목소리
울창한 송림의 높이만큼
스카이워크 사이로 빠져나간 숨소리
갈대처럼 흔들리는 앙상한 슬픔

냉이 향

지난해 추위에 시달리다
가슴앓이로 메마른 땅에
냉이꽃으로 피어났다

혹한의 얼룩진 상처
봄 햇살에 피어나는
하얀 들꽃

그리움은 고향 저녁연기로
피어나던 냉이된장국
김매던 어머니 향기

친구

매일매일 재단을 하고
겹겹이 포개어
박음질한다

버리지 못한 미련의 조각들
누더기처럼 달라붙어
먼지 같이 하나 둘 일어서면

잘렸던 조각들
봄 향기 그윽하게
바람 같은 햇살

한숨을 토하듯
한줄기 폭포수처럼
물줄기도 태양 볕에 빛나고

조각난 천 쪼가리
조각보처럼
미끄럼틀에 밀어 넣어 본다

봄날

바람에
쓰러진 풀잎

아침 이슬에
일어난 들판

더 푸르른
그대들

어머니

고운 얼굴
한 잎 두 잎
떨어져 흩어지고

빈 가슴
유모차에 기대어
뒤뚱 뒤뚱

노을빛에
허둥대는
당신

슬픈 바다

한낮의 햇살은 물살에 담금질하고
부푼 아우성 파도에 씻기니
옥색 바람은 휘돌아 갈매기들
날갯짓에 감기면

뿌연 안개 속 흐르던 응어리
물살의 파장을 일으켜
시선이 머무른 쪽빛 물결
긴 한숨 토하며 속울음 다독인다

바닷가 오가는 사람들 사이로
비릿한 바다 내음 바람결에 흩어지고
그리운 그림자 선상을 떠돌다
웃음 한 자락 띄우고 떠나가는 뱃고동 소리

겹겹이 철썩이는 물살은 아픔인 듯
흔들리는 수초의 몸부림
기다림은 푸른 멍으로 상흔을 남기고
아득히 멀어져 가는 파도 소리
앉아서 흐느끼는 벤취

스프링코트

체크무늬
가지런히 펴
재단을 한다

따뜻한 마음
아름다운 마음
고운 마음으로

넓은 면 좁은 선
곧은 마음 따라
노루발의 노랫소리

흩어진 마음
사이사이 꿰매어
삶의 향기 품으니

그녀의 탄생
겨울을 보내고
고운 봄 짓는다

목련

삼월에 살 갓 애이면
뜨락에 내려앉은
너의 얼굴

솜털 가득 감싸고
내민 꽃망울
그리 부끄러워
웃지 못하니

향기 품은
가지에
스리 살짝
웃어보렴

웃는 너의
하얀 얼굴
사랑담아
곱게 분칠해 주게

빈자리

하얀 꽃
그 길에 서서
온종일
떨고 있을 때

기다림의
눈물
강물 되어
물결쳐 흐르고

그리움의
한숨 소리
바람 되어
산하를 맴돌다

떨어지는 잎새
이 봄
한 잎 두 잎

통증

바람이 찢어지게
비명을 지른다

지붕이 들썩이고
빈 깡통이 굴러다닌다

날 세운 칼날에
붉은 피가 서산에
노을로 피어난다

틀

길을 걸으며
생각을 풍선과 같이
부풀려 키우면

색다른 풍선
제각기 생각을 키우면
등 곡선 여정
생채기를 낸다

그들만의 틀에 갇혀
또 하나의
육신의 영혼
가두어 버리면

세상을 바라보는 향기
아름다움
꽃 피워 가리라

고요한 밤
어두운 밤하늘

달빛 걸어두고
별빛 속으로

산불

부르지도 않았건만
메마른 가슴에
바람과 찾아와
영혼마저 휩쓸어

붉은 머리 풀어 헤쳐
하늘까지 삼키니
넋들만이 까맣게
나뒹굴고

검은 넋 눕히고
빈 가슴 멍하니
빗물만 서러워
통곡 소리만

홍매화 2

봄은 예쁘다
앞자락 여미며
발그레 웃음 하얗게 쏟아내니

봄은 더 사랑스럽다
여린 꽃잎 살며시
물들이며 피어나

봄은
참말로 예쁘다
바로 당신 같아서

제2부

기도

수평선 너머
햇살이 쏟아지는
잔물결이 너였으면

풀꽃 적삼

콩잎 비비며 스며들던 바람
목덜미에 비린 땀내 훑어 삭여
축축이 젖어가던 삼베 적삼

고랑 따라 흩어지던 영혼의 결
곱게 마름질 뒤적일 때
구겨진 마음 한 곳 다독이던

어머니 풀꽃 적삼
바람결에 머물며
백발 함께 고요 하네

아버지

산등성이 넘어
저녁노을 내려앉으면
시든 무 우 차곡차곡
구루마에 싣고

어여어 저여어 어여저여
소고삐 부여잡은 손아귀로
어둠을 저어 댔지

삶의 무게에 짓눌려
가끔씩 뒤돌아보는 황소
주먹만 한 두 눈이 촉촉했지

뽀얀 바지 적삼에
하얀 두루마기 입고
골진 주름 얼굴
환히 웃던 당신

보석사의 봄

금산 보석사 들어서며
대웅전에 삼배 합장하니
햇살보다 부드러운
부처님 미소

새들 독경 소리
돌돌돌 물소리와 합하고
연둣빛 햇살
너울대는 풍경소리

돌탑 돌며 합장하듯
줄기를 세우고
참선하는 붉은 능소화

아침 풍경

뭉게구름 초록 물 풀어
능선 따라 사뿐히 내려앉아
아름다운 그림을 그린다

나뭇가지 새들은
바람에 흔들려 날아오르고
풀벌레 목청은 바람결 풍경소리

한 겹씩 벗겨지는
얇은 옥수수 껍질이
하얀 미소 손을 내밀고

그리는 마음
새들의 날갯짓에 실어
십자가 꼭대기에 앉아
하루의 꿈을 키운다

밥 한 끼

언제 오냐며
이제나저제나 자식 올 때만
손꼽아 기다리는 당신

마른 잎에 소낙비 젖어들 듯
목마른 전화 한 통에도
금세 얼굴엔 보름달이 떠오르고

동동거리며 엉덩이 들썩이면
벌써 가냐며 뒷덜미 잡아당기는
가마솥에 밥물 같은 젖은 목소리

밥 한 끼라도 먹고 가라고
마주 앉은 밥상에는
쌀밥보다 더 환한 얼굴

벽

텅 빈 자리
건너뛴 땀수처럼
가슴에 박힌 바람이 지나가면
낯설게 벽 하나 서있다

가까이할 수 없어
산처럼 커다란 괴리감
마음의 반란으로 일어나
찢어진 종잇장 같은 몸은 흐물대고

천근의 무게로 떠났던
창백한 백사장 모래알 같은 생각
파도가 밀어내도
물거품만 들락날락

기도

네가 없는 빈 곳에서도
내 너를 잃을까
풀잎처럼 바람처럼 쓰러지기도 했어

해가 꾸물거리면
안 보이는 너를 찾아
온 세상을 잃은 구름처럼 흘러 다니고

그리움은 향기로운 바람의 기척에
한 송이 꽃처럼 피어났다
슬픈 별처럼 떠나가는 그 모습

철렁이는 가슴 한편
새파란 바다로 가득 차면
두 손 모은 파도처럼 중얼거렸어

수평선 너머
햇살이 쏟아지는
잔물결이 너였으면

소낙비

찐득한 공기 먹구름 채색하면
종일토록 심통 난 시어머니처럼
얼굴 붉히다 쏟아지는 장맛비

산통 하는 먹구름
천둥번개 지붕을 잡아채고
집채까지 흔들어 댄다

앞산 골짜기마다 먹구름 움켜쥐고
벼르고 벼르다 순산하는 빗줄기
천둥소리에 풀벌레도 숨죽인 여름

하얀 비단 다소곳한 능선
풀어헤친 하얀 머리 가지런히
얼굴 씻는 푸른 숲

초여름

꽃밭에
겹 봉숭아 몸을 틀고
별 무리처럼 환상 같은
무도회 준비 중

분홍빛 폭죽을 감춘 채
흔들리는 푸른 유년

붉은 물감 풀어놓은 수채화처럼
노을빛에 몸을 섞는 파란 하늘
뭉게구름 하얀 질주

다가왔다
달아나는

찔레꽃

기다리다
하얗게 질린
슬픈 얼굴

밤이면 달빛에 비쳐
더 하얗게
가시처럼 박힌 모습

눈물이 붓도록
이슬방울로 아프게
피어난 찔레꽃

미투

벌 나비
호박꽃 옆에 갔다고
성추행이란다

오이꽃 수박꽃 도라지꽃
깜짝 놀라 꽃잎 감싸며
야단법석이다

벌 나비
예쁜 꽃 돌같이 보고
떼를 지어 날아다닌다

올해는
천둥 번개 비바람에
꽃밭에도 텃밭에도
흉년이 들었다

우리 아들
장가는 가려나

비 온 뒤

흔들리는 나무 사이로
실오라기 같은 햇살이
바람처럼 꽃잎을 흔들고

살판난 것 같은 잡초들
고랑 둔 턱에 까무러쳤다
노을처럼 번져간다

잦아든 빗방울 소리에
그리움은 뇌관처럼 찾아왔다
물안개처럼 산 능선을 헤매고 있다

자식

내 품에
머물던 꽃들
홀씨 되어

바람 따라 하나 둘
날아가
가슴만 휑 하고

세월의 잔소리만
바람에 애잔하다

붉은 고추

흙내 음 풍기는 들녘
가을볕이 찾아와
밭고랑 붉게 태우고

피어나는 촛불
물결 되어 하나 둘
온 세상 불꽃으로 타오르네

어머니 2

당신의 푸르던 날
계절은 늦가을로

꽃잎은 떨어지고
마른 잎 버석 일 때

서산에 지는 노을빛
당신 앞에 저 무네

틈

칼끝으로 그어진 것처럼
누군가의 거리는 찬바람에
엉겨 붙은 터진 손등처럼
갈라지고 쪼개져 비린 땀내가 나고

알 수 없는 마음의 벽 너머
기억들의 조각 주워 담고
핸드폰 문자들은 겨울잠을 자듯
깊은숨을 몰아쉰다

살다가 느닷없이 강폭을 바라보듯
불안한 바람이 지쳐 갈 때
틈새로 훈김 하나 일어나면
퍼런 가슴마다 화창한 햇살이 일고

비 온 뒤 푸르른 온 산을 누비듯
버석한 마음에 물빛 색깔이 출렁이면
눈물방울도 선으로 이어진
강물에 윤슬처럼 빛나는 몸짓

여름밤

뿌연 연기 돌담장 훑고
노을이 붉게 타는 서녘
구름도 서성거렸지

마당의 매캐한 모깃불
티 검불 허공을 사르고
윙윙대는 모기들의 절규

봉당 한쪽 멍석 위엔
아릿한 아이들
거친 옥수수로 허기를 채우고

엄마 갈퀴손 여정
불타는 아궁이
가마솥에 눈물로 끓었다

도라지꽃

뿌연 안개 밟으며
자욱하게 바람에 흔들려
맑은 해 솟아오르면

가득한 희망의 태동
망울망울 맺혀
짙은 향기로 피어나

알알이 이슬방울
또르르 굴려
꽃잎과 부드러운 입맞춤

보랏빛 가슴에 물들이고
옹기종기 앉아
노래하는 도라지꽃

제3부

같이 걸어온 길

그대와 함께하는 시간은
파랗던 하늘에 조금씩
물들어 가는 저녁노을

같이 걸어온 길

그대와 같이 걸어온 길은
지난 시간의 물안개처럼
소낙비에 젖은 몸짓 같은 것

그대와 함께한 지난 시간은
어두운 밤의 반딧불처럼
보이지 않는 미로를 찾아가는 것

그대와 함께한 지난 시간은
책갈피 속의 오색 나뭇잎이고
하얀 눈 위에 새겨진 발자국 같은 것

그대와 함께하는 시간은
파랗던 하늘에 조금씩
물들어 가는 저녁노을

못다 한 꿈들

콘크리트 바닥에
마지막 꿈마저
무너진 파란 청춘

파도처럼 밀리는
골목길에서
쓰러져 간 풀꽃

숨소리조차
들리지 않는 꽃잎
떨어지는 하얀 절규

나뭇잎

붉은 잎새에 새겨진 여정
사연의 흔적들
바람에 먼 길 돌아쳐 닿으니

노을의 저편 아쉬움만 태워
한 잎 두 잎 이별을 하고
휭 하니 그리움만 태운 다

지나간 마음 하나 주워
책갈피 사랑으로 머물러
추억 얘기 꺼내본다

가을날엔

그리운 사람은 언제나 그림자처럼
녹슨 못으로 심장을 찔린 상처로 남아
허둥대는 기력은 낙엽처럼 떨어져
강물 따라 흘러 다니고

빈 공간 속 그의 형상만
말없이 서 있을 뿐
눈물겹게 사무치는 그리움은
파란 하늘빛보다 시립습니다

서러움은 내 발등 위에 그림자로 머물러
한 줌의 가을 햇살은 애가 타고 애가 타
하늘빛에 기도 한 장 올리고 붉은 노을이 필 때면
희망의 꿈속으로 가을여행을 떠난다

11월을 보내며

늦가을
낙엽은 뒹굴며
울부짖고

보고픈 마음은
시린 눈물 떨구며
온몸을 태우네

노을빛에 반짝이는
너를 만져본다
그리움 하나

버석 이는 가슴엔
바람이 분다
그리워서

얼굴

아침이면 화장을 합니다
화선지에 그림을 그리듯

눈썹 마스카라
입 술 연지까지 바르고

마무리에 무엇을 그릴까?
예쁘게 보이고픈 마음

지긋이 바라보는
당신의 마음을 그립니다

가을 향기

한낮에 비단옷 차려입고
들길에 웃음 짓는 그 모습
수줍은 듯 살포시 휘감기는
향기로운 들길

파란 하늘의 깊은 여운
피어나는 하얀 꽃구름
한 움큼 흩뿌리니
반짝이는 별무리 되어

새초롬히 옷깃 여미던
풀잎도 바람과 실눈 뜨고
가만히 들여다보니
마음 밭에 물결치는 가을 벌판

커피 향

가슴 떨리게
피어오르는
커피 향

지나간
그리움 담아
떠오르는 모습

찻잔 속
향내 머금은
그 얼굴

가을 편지

황량한 시선 끝에
소란스런 나뭇가지
떠돌다 바람에 날아든
거친 나뭇잎

비에 젖은 눈물
쌓여 가는 사연들
기다린 만큼 절절한
붉은 나뭇잎

사연은 얼룩진 그리움
갈바람에 띄워 보낼
사연들

사랑의 깊이

내가 다시 태어나면
내가 아닌
네 마음같이 태어나

바람처럼 떠다니다
비처럼 내려
잠시 머무른 숨결처럼 기대어
출렁이는 너의 가슴도
비단 물결같이 잠재우고

핏발선 너의 눈빛에
창자를 털어 보여주고
붉은 슬픔도
해맑은 샘물같이 잠재우면
난 펄럭이는 봄날이 될 거야

희망

지난겨울에
찾아든 먼지는
장롱 위에서
숨을 고르고

술 취한 초봄에
온 동네 들썩이는
파리떼 된장국에
멱을 감는다

묵은김치 항아리엔
골마지 썩는 내가
하얗게 거품을
품어낸다

봄이 오면
연둣빛 마음에
씨앗 하나 띄우리

홍시

새벽이슬 마른 흔적을 적시고
하늘에 그려지는
구름 꽃은 흘러만 간다

세찬 바람에 휘청 이고
꺼풀은 아픔을 들썩이는
붉게 타들어 가는 그녀

빠알간 얼굴
영혼은 차가운 서릿발
상처는 가지 끝에 흐느끼고

고요함은 정적 속에 묻혀
가엾게 흔들리는 촛불이여
붉은 생은 어둠을 다시 깨우리

폐지 줍는 그녀

고단한 해거름
능선 따라 허덕이고
술 취한 얼굴빛은
어스름한 길 위를 밝힌다

내달리는 리어카 바퀴에
몸을 실은 그녀
멀어져가는 뒤꿈치에
어둠이 따라간다

접힌 폐지 더미
마른 숨을 몰아쉬고
발길에 채인 달빛
애달프다 애달파

구겨진 몸뚱이
달빛에 멱을 감고
사그라지는 별빛
하얀 고봉밥을 짓는다

비애

슬퍼한다고
검은 사슬
끊길까

경계의 저편
하얀 꽃 어둠에
그 비를 맞고

달빛 아래 빗소리
슬피 울고

봄 햇살이
피어나면

별빛도 기다리는
그녀의 웃음소리

고구마

찬란한 햇살
한 자락 사랑으로
덩굴 아래 흙 속에 누워

고랑마다 두덕 두덕 품 안에 씨알들
붉은 얼굴 내밀어
처음 맞은 햇살 조우

별빛으로 쏟아지는 까만 눈동자
세월에 묻힌
어머니 품속의 젖내

잎새에 이는
바람도 서러워
하얀 눈물만

가을이 되면

귀뚜라미 소곤대고
하늘이 파랗게 시려지면
누군가 더 보고 싶다

수정같이 맑은 날엔
구름도 눈부시게
흘러 다니고

가을볕
나뭇잎 사이사이
그리움에 지친 풍경

춤사위

어디서부터 시작했는지
무대는 아스팔트 한가운데
검정 비닐봉지가 춤을 춘다

관객은 줄지어 선 자동차
푸른 잎새 손뼉 치며
팔랑이는 가로수의 열광
함께 춤을 추듯 빠른 템포

자동차에 스치고 가볍게
내려앉은 부드러운 춤사위
빠르게 느리게 흩어지다

바람결에 쉬지 않고 빙빙 돌아
꼬인 스텝 숨을 몰아쉬다
장막 뒤로 사라지는
검은 자락

제4부

겨울
수목원에서

시큰한 코끝에 바람이 스치면
퍼런 가슴엔 앓고 난 감기처럼
따스하게 속삭이는 봄빛

겨울 수목원에서

산그늘 같이 늘어진
하얗게 내려앉은 나뭇가지
머물다간 푸른 잎의 흔적
삭은 헝겊처럼 느슨하고

서리꽃 같은 그리움은
살갗으로 파고들어
나뭇가지에 매달린
움트는 눈꽃이 되었다

미끄러운 길가엔
따끈한 붕어빵 한입에
단팥 같은 달콤함이
봄꽃같이 피는 하루

눈길을 걷다

하얀 눈은 눈발로
이마 위에 내려
눈물로 흐느끼며
강물에 닿으니

잔물결이 칠 때면
무서워 몸을 떨었고
물살에 떠밀려
바다에 홀로 서니
그리움은 더 하네

작은 돛단배
바람이 흔들어 깨우면
거친 파도와 끌어안고
같이 울었다

지나온 길은
파란 하늘처럼 시리고
앙상한 나무 심줄 안에서
추위에 파르르

기억은 담벼락을 오르다
담쟁이넝쿨로 엉켜
쏟아지는 눈발에 시달리다
너울처럼 떠나가고

그리움은 발자국처럼
가슴에 문신이 되어
따스한 햇살은 풀잎처럼
마른 땅을 적시고

불꽃

난 하루에
한 번 폭탄을
안고 산다

세상 밖
괴물들을 향한
불덩어리를

어느 한쪽의
어둠이 된
그대들을 향하여

슬퍼하다
괴로워하다
촛불 하나 밝힌다

삶

시시때때 찾아오는 흔들림
축축한 갈바람에 떨어져 뒹굴다
폐지더미처럼 추레한 모습으로
떠도는 나뭇잎의 낯빛

세상을 뒤엎을 만큼
훑고 지나가는 바람의 잔상은
얼룩진 핏빛 같은 무채색으로
스산한 겨울 뜰 앞의 하늘빛

고된 산통의 앙상한 흐느낌도
고요 속에 물들어 가는
겨울밤의 차가운 별빛

시큰한 코끝에 바람이 스치면
퍼런 가슴엔 앓고 난 감기처럼
따스하게 속삭이는 봄빛

통증

바람이 찢어지게
비명을 지른다

지붕이 들썩이고
빈 깡통이 굴러다닌다

날 세운 칼날에
붉은 피가 서산에
노을로 피어난다

무소식

반가움 전한다는
까치 한 마리
날아가 오지 않고

배달부 아저씨
반가움에 돌아보니
고지서만 쌓여있네

화가로 핀 꽃

고운 색 고운 언어
손짓 발짓 눈짓
말없이 건네는 미소

화선지의 슬픔은
적막 속에 핀 꽃
눈물의 숨은 얘기

가슴속 타는 갈증
손끝에 영혼 담아
벽면에 머무르고

시를 쓰는 사람
서성이다 부끄러워
눈빛으로 얘기하네

꽃 그림 시 되어
같이 걸어가는 길
함께하는 밝은 세상

눈꽃

까만 밤
하얀 꽃잎이 내려앉다
이내 사라진다

희고 고운 그 얼굴
어둠이 삼켜버리고
가슴엔 시퍼런 자국만

한 잎 두 잎 쌓이고 쌓여
가려진 순백은
기억을 먹어버렸다

어둠 속의 꽃잎 하나
붉은 눈물은 파랑 강물과
출렁거리니

눈가에
떠오르는
꽃 한 송이

바다

저 넓은 가슴이
파란 걸 보니

이 가슴도
퍼렇게 멍이 드네

생각

마음 한 편
쑥쑥 자란 풀잎

온 밭을 휩쓸까
캐고 캐 버려도

어느새 자라나
바람에 흔들린다

절벽

뛰어갈 수도
걸어갈 수도
들리지 않는 터널 끝에서
흔들리는 실오라기에
매달린 당신

알갱이 같은 말들이
거미줄처럼 기억 속으로
엉키고 엉켜
밤안개 속을 떠돌고

쇠진해진 허망함에 휘둘리듯
말 없는 두려움이
가파른 푸른 계단을 오른다

흔들리는 비움

휑한 방바닥에
형상들이 모여들고
출렁이는 가슴 한편
돋아나는 별들의 조각들

지쳐버린 영혼은
마른 장작처럼 서늘하고
한 가닥 촛불은
온 밤을 태워버렸다

메마른 붉은 눈물은
추스르지 못한 야윈 발걸음
묶인 기억들은
계절을 비우고 비운다

돌멩이

흐르는 물속의 수초도
너와 같은데

바람결에 흔들린 너는
어느 물길에 머물러 있나

겨울잠을 깨우고

하나의 계절은
또 하나의 계절을 불러들이고
삭풍에 지쳐 떠나간 자리마다
밤이슬을 앞세워 초록 싹을 틔운다

누추한 텃밭엔
희망 하나 속삭이고
지나간 자국마다 그 향기가 자라나
기억은 하루해만큼 펄럭인다

바람에 실린
씁쌀한 냉이향의 향긋한 풀잎
여민 속살을 감춘 투박한 밭고랑엔
봄볕이 기지개를 켜며 선잠을 깨운다

잘린 가지에 별처럼 돋아나는
작은 꽃잎에 피는 웃음
목련꽃 몽우리 이른 봄바람에
실눈 뜨는 소리

소나무

눈 덮인 언덕에
허허로이 서 있는 그대
몰아치는 바람
휘청입니다

스산한 길목에
새벽종이 울리면
돌아누운 한숨 소리
이불 섶 들썩입니다

밝아오는 아침
그대 시름 거두는
밝은 햇살

파도 1

물살이 거세지면
거세질수록
슬픔이 일어나고

물살이 잔잔해지면
잔잔해질수록
그리움이 깊어지는 바다

인연

그리운 가슴에 빗물 되어 흐르고
별빛 아래 그 모습 새싹처럼 돋아나고
나뭇가지에 웃음이 달빛처럼 환하게 빛날 때

눈꽃 피던 저녁나절 빠알간 꽃으로 내게 왔지
하얀 배냇저고리 닿으면 부서질까
보송한 솜털 사이로 젖비린내 향기

부서지는 밤하늘의 너에 별
가슴에 뿌리를 드리울 때
달빛 속 너의 웃는 얼굴 만져본다

희망은 내 곁으로

아침은 만남의 맑은 이슬방울
오는 길마다 꽃들의 웃음소리
작은 바람결에라도 오는 소리 들려
지나간 빈자리 그리면 보고 싶어

언제나 만남은 나뭇가지에 매달린
앙상한 이슬방울
아기 눈빛보다 맑은 새싹이 움트면
연둣빛보다 빛나는 봄날은 서성이겠지

그럼 동녘은 붉은 햇살을 품으며
굽어진 능선마다 누운 잠을 깨우고
하얀 구름에게 말하겠지
흘렸던 눈물조차 그리움에 아파서

뚜벅뚜벅 걸어오는 너의 모습에
낙엽도 물들고 하얀 눈도 쌓이면
파랗던 세상 밖의 모든 것에 대한
9월 그때의 너에게 별이 뜰 거야

■ 평론

풀꽃처럼 옷을 짓다

김명순[1]
시인. 국제PEN한국본부 이사

I

이승은 시인은 2019년 9월 계간 『한국문학시대』 제58호에 「아버지」, 「산불」, 「풀꽃 적삼」, 「흰 접시꽃」, 「신동엽 문학관에서」를 발표해 우수작품상을 받아 시인으로 등단하였다. 등단 전에는 대전시민대학 '시 창작 교실 healing poem'에서 시 창작 수업을 받아왔다. 그는 '남을 위해 시를 쓰지 않고 나를 위해 시를 창작한다'라는 시 창작 교실 수업 목표를 자신의 창작 신념으로 받아들여 자신의 삶을 보듬는 창작 생활을 해오고 있는 시인이다.

---

[1] 문학박사, 대전문인총연합회장, 詩民문학회 대표, 대전시민대학 강사 '시 창작 교실 Healing poem'

그는 /시인의 말/에서 '화려한 꽃으로 피고 싶었으나 막자란 풀꽃'이라고 자신을 나타내고 있다. 그러나 '거칠어진 바람에도 숨소리조차 억누르며 피어난 작은 풀잎'이라고 표현하고 있다. 여태까지 살아온 굴곡진 인생 길가에 막자란 풀꽃은 자신을 드러내지 못한 풀잎이라고 말하였다. 그런데 '시를 만나 내 속에 흐려진 마음'을 시냇물에 씻어내 햇살과 바람결에 말려 '노을빛으로 물들며 시처럼 마음 밭에 꽃을 피워봅니다'라고 말하며 나이가 들어서 시를 쓰기 시작해 자신의 마음 밭에 꽃을 피우며 행복한 시간을 보내고 있다는 것이다.

이승은 시인은 시집을 내는 마음을 '시를 지으며 풀꽃처럼 옷을 짓다'라고 말하고 있다. 그의 시는 화려한 묘사를 거부하며 자신이 살아온 자취를 되돌아보고 현재의 삶을 의미 있게 음미하며 다가오는 시간을 새롭게 맞이하는 평범한 삶을 추구하고 있다. 다음은 그의 등단 시평이다.

이승은 시민은 〈아버지〉, 〈산물〉, 〈풀꽃 적삼〉, 〈흰 접시꽃〉〈신동엽 문학관에서〉 등 5편을 응모했다. 그의 작품은 역시 서정을 바탕으로 한 경험의 반추이다. 나를 거쳐간 회로애락의 감정들이 곱고 아름다운 원초적 시심으로 승하되고 있다. 특히 〈풀꽃 적삼〉에서 보는 '풀잎 비비며 스며들던 바람 / 목줄기에 비린 땀내 훑어 삭여 / 축축이 젖어가던 삼베 적삼 // (제1연)' 같은 부분은 실제의 정경에 취한 뛰어난 표현 기법인 셈이다. 〈흰 접시꽃〉은 '고향의 꿈 그리다 / 하얀 넋이 되어 피어난 / 유월의 꽃…이다. '기다림의 망울망울'이란 표현이 있는데 피지 못한, 또는 피어나기 직전의 꽃망울의 현상을 기다림의 망울망울로 환치한 것이다. 좋은 시인의 자질 부분이다.[2]

이승은 시인은 등단 후에도 끊임없이 창작 활동해 오면서 자신의 정서를 표현하는 즐거움을 누리고 있으며 디자이너로서 자신이 하는 의상실 일을 즐겁게 하고 있다. 남의 옷을 지어 입히는 일도 즐거운 일로 시를 짓는 일과 같은 특징을 가지고 있다. 상대의 체구와 얼굴색에 조화롭게 어울리며 취향에 맞는 옷

---

[2] 계간 『한국문학시대』 제58호, 2019·9월·가을 p.66

을 디자인하여 본인 스스로 옷을 짓는 일은 참 아름다운 일이며 의미 있는 봉사이다. 시는 상대를 의식하지 않고 자신의 내면 깊숙이 파고들어 삶의 의미를 자신의 정서로 표현하는 일로 표현의 본질은 다르지 않다. 이 시인이 시를 잘 쓸 수 있는 것은 옷을 짓는 디자이너이기 때문인지도 모른다. 그는 스스로 자신을 '시를 지으며 풀꽃처럼 옷을 짓다'라고 말하였다. 시를 짓듯 순수한 정서를 풀꽃처럼 옷을 지으니 옷을 입는 사람은 얼마나 행복하고 옷을 입고 풀꽃처럼 웃는 모습이 얼마나 아름다울까? 시를 지으며 마음까지도 디자인하는 의상디자이너가 된 것이다.

Ⅱ

이승은 시인의 시를 읽으며 그의 시 세계를 여행해 본다. 맨 처음 보이는 〈봄은 앞에 와있는데〉 시는 / 파랗게 멍든 하늘은 / 강물에 몸을 담그고 / 파도와 같이 하얗게 / 온몸을 출렁이며 뒤척이다 / 라고 시작된다. 보통 사람들은 맑은 하늘을 푸른 하늘이라고 말하는데 파랗게 멍든 하늘이라고 표현했다. 하늘은 시인의 과거이며 강물에 비치는 하늘은 현재의 삶인 것이다. 시인은 하늘과 땅 사이에서 늘 그렇게 봄을 맞이하다 보니 서산에 내린 붉은 노을을 맞이하게 되었다고 한다. 이처럼 시인은 자신의 삶을 이상과 현실 사이에 나타나는 경험을 아름답게 승화하고 있다. 이 시를 대하니 김대현[3] 시인의 〈江〉 /하늘이 와서 쉬나니 강물이 어니 자리오/ 가 생각난다. 두 시가 주는 동질성과 이질성의 정서가 많은 생각을 불러온다.

시인은 주말이면 연산면 신양리에 있는 밭에 나가 채소를 가꾸고 있다. 가까이에 논산 탑정호가 있어 자주 찾아가 산책하다가 시를 건져오기도 한다. 〈낮잠 자는 탑정호〉에서 물에 잠긴 버드나무를 보고 / 얼굴을 수려하게 내밀고 / 깊숙이 몸을 감춘 버들가지 / 휘감기는 바람에 몸을 씻는 연둣빛 / 라고 노래하였다. 물에 잠긴 버들가지는 바람으로 몸을 씻으며 연둣빛 잎을 내고 있다. 물에 잠긴 버드나무는 시인의 현실이요 바람으로 몸을 씻으며 연둣빛 생을 즐기고 있다는 것이다. 그 밖에도 〈봄꽃들〉, 〈참꽃〉, 〈냉이향〉 등 자연을 대상으로 자신의 정서를 노래하고 있

---

3) 金大炫(1920~2003) 시비 〈江〉 대전광역시 대덕구 미호동 1-11(대청댐 잔디광장)

다. 시는 은유적 표현의 예술이며 자연은 은유의 숲이며 샘이라는 생각이 들게 한다.

〈친구〉라는 시는 사람 친구가 아니고 옷을 디자인하여 재봉틀에서 박음질해 내는 자신의 일상을 말하는 것이다. / 매일매일 재단을 하고 / 겹겹이 포개어 / 박음질한다 // 버리지 못한 미련의 조각들 / 누더기처럼 달라붙어 / 먼지 같이 하나 둘 일어서면 // 잘렸던 조각들 / 봄 향기 그윽하게 / 바람 같은 햇살 / 매일 옷을 짓는 일에서 나오는 옷감 조각들을 버리지 못하는 것은 자신과 자신이 하는 일이 보잘것없는 천 조각일지도 모른다는 생각 때문일 것이다. / 조각난 천 쪼가리 / 조각보처럼 / 미끄럼틀에 밀어 넣어 본다 / 천 쪼가리를 재봉틀 노루발에 밀어 넣어 조각보를 만드는 행위를 버려질 천 쪼가리에 대한 연민의 행위이다. 이 시인이 시를 짓는 저력은 자기 직업에 천착하여 길러진 그의 생활 습성에서 비롯되었다.

재봉틀을 친구 삼아 옷을 짓는 재단사의 마음이 〈스프링코트〉에 잘 나타나 있다. / 체크무늬 / 가지런히 펴 / 재단을 한다 // 따뜻한 마음 / 아름다운 마음 / 고운 마음으로 // 넓은 면 좁은 선 / 곧은 마음 따라 / 노루발의 노랫소리 // 흩어진 마음 / 사이사이 꿰매어 / 삶의 향기 품으니 // 그녀의 탄생 / 겨울을 보내고 / 고운 봄 짓는다 / 디자이너로 옷을 짓는 마음은 따듯하고 아름답고 고운 마음이다. 마음 따라 노루발 소리가 노랫소리로 들리고 흩어진 마음까지도 사이사이 꿰매어 삶의 향기까지 품는다고 했다. 시인이 자기 직업을 나타내기가 쉽지 않은데 이 시인은 옷을 입을 사람을 생각하며 기도하는 마음으로 옷을 짓는 마음이 그의 시 정신인 것이다.

이승은 시인은 그의 가슴 안에 늘 어머니 아버지를 안고 산다. 〈어머니〉에서 꽃처럼 아름다웠던 꽃잎을 지운 나뭇가지처럼 야윈 몸을 유모차에 기대어 뒤뚱거리는 어머니를 안타까워하고 있다. 함께 있을 때보다 떠나 있을 때 더 선명히 보이는 어머니 모습을 / 노을빛에 / 허둥대는 / 당신 / 이라는 생각을 늘 가슴에 안고 사는 효녀 시인이다.

고운 얼굴
한 잎 두 잎

떨어져 흩어지고

빈 가슴
유모차에 기대어
뒤뚱 뒤뚱

노을빛에
허둥대는
당신
  - 〈어머니〉 전문

〈풀꽃 적삼〉에서 어머니가 젊은 시절 콩밭 일을 삼베 적삼이 땀에 젖은 모습을 / 콩잎 비비며 스며들던 바람 / 목덜미에 비린 땀내 훑어 삭여 / 축축이 젖어 가던 삼베 적삼 / 이라고 회상하고 있다. 열심히 밭일 하시던 어머니의 정신을 / 고랑 따라 흩어지던 영혼의 결 / 곱게 마름질 뒤적일 때 / 구겨진 마음 한 곳 다독이던 / 라고 묘사한 것은 어머니의 지성을 간직하고 살아왔다는 것이다. / 어머니 풀꽃 적삼 / 바람결에 머물며 / 백발 함께 고요 하네 / 지금도 삼베 적삼을 입은 어머니를 떠올리며 바람같이 흘러가는 세월 끝에 백발의 모습만 고요하다고 묘사하고 있다. 삼베 적삼을 풀꽃 적삼이라고 표현한 것은 노인이 된 어머니의 모습 위에 겹쳐지는 젊은 시절의 모습을 풀꽃 적삼을 입은 여인의 청초한 모습으로 승화시키고 있다.

시인은 〈고구마〉 시에서 어머니를 고구마로 묘사하고 있다. 고구마가 흙 속에 키우던 씨알들이 자라 붉은 얼굴을 내밀어 푸른 잎 엄마와 처음 햇살을 맞는 모습을 묘사하고 있다. 주렁 주렁 자식을 낳아 품 안에서 기르는 고구마는 하늘에서 비치는 햇살의 덕이라고 생각하는 것은 하늘과 자식 사이에 어머니가 존재한다는 것이다.

찬란한 햇살
한 자락 사랑으로
덩굴 아래 흙 속에 누워

고랑마다 두덕 두덕 품 안에 씨알들
붉은 얼굴 내밀어

처음 맞은 햇살 조우
- 〈고구마〉 1~2연

　〈아버지〉 시에서 / 어여어 저여어 어여저여 / 소고삐 부여잡은 손아귀로 / 어둠을 저어 댔지 / 라고 노래하며 농부 아버지의 소와 함께 저녁 늦게까지 일하다가 집으로 돌아오는 모습을 묘사하고 있다. '어둠을 저어 댔지'라는 표현은 밤의 어둠과 삶의 어둠이 복합된 이중성을 담고 있다. / 삶의 무게에 짓눌려 / 가끔씩 뒤돌아보는 황소 / 주먹만한 두 눈이 촉촉했지 / 라는 구절은 황소의 큰 눈이 촉촉했다는 표현은 아버지가 고단한 삶에 지친 모습을 은유한 표현이다. 아버지의 노고에 감사하는 마음은 시인이 삶에 큰 에너지이다. 힘든 일을 하시다가도 외출할 때 / 뽀얀 바지 적삼에 / 하얀 두루마기 입고 / 골진 주름 얼굴 / 환히 웃던 당신 / 이라고 묘사하며 아버지의 단정한 모습과 삶의 여유를 잊지 않고 있다는 것은 시인의 현재 삶의 모습을 표현한 것이다.
　이 시인은 디자이너로 일하면서 외출할 때는 자신의 복장이 아주 단정하다. 이것은 아버지가 작업복을 입고 힘든 일을 하시다가 외출할 때는 뽀얀 바지 적삼에 하얀 두루마기를 입고 밝은 얼굴로 외출하시던 습관이 몸에 밴 탓이리라. 자신이 만든 단정한 옷을 입고 시 창작 교실에 나오는 변함없는 모습은 어머니의 내조와 아버지의 정신이 배어있는 것이다. 자신의 삶을 영위해가는 삶의 모습은 부모님의 은덕에서 비롯된 것이라는 것을 그의 사를 통해 알 수 있다.

Ⅲ

봄에 시를 공부하는 도반들과 함께 금산 보석사를 찾아 참배하고 석장곡 스님의 안내로 보석사 경내를 돌아본 후 차담을 나눈 적이 있다. 장곡 스님이 매일 좋은 법문을 해석하여 해설과 함께 페이스북에 올려 함께 고유해 오다가 보석사를 답사하게 되었다. 이 시인은 답사기를 〈보석사의 봄〉이라는 시를 쓴 것이다. 시인은 일상에서의 경험에서 떠오른 정서를 글로 남기는 생활을 하는 것이다. 이 시에서 부처님의 미소가 햇살보다 부드럽다며 새들이 경전을 읽으니 물소리와 합하고 연둣빛 햇살에 너울대는 풍경소리라는 표현이 시인의 정서가 얼마나 편안했는지를 알 수 있다. 자신을 대신하듯 돌탑 돌며 합장하듯 줄기를 세우고 참선하는 붉은 능소화라 했다. 자연의 품에 안겨있는 산사에서 고요한 정서에 젖어 들어 / 부처님의 미소 / 풍경소리 / 참선하는 붉은 능소화 / 라고 노래하였다. 시인이 사물을 보는 깊이를 짐작할 수 있다.

    금산 보석사 들어서며
    대웅전에 삼배 합장하니
    햇살보다 부드러운
    부처님 미소

    새들 독경 소리
    돌돌돌 물소리와 합하고
    연둣빛 햇살
    너울대는 풍경소리

    돌탑 돌며 합장하듯
    줄기를 세우고
    참선하는 붉은 능소화
        – 〈보석사의 봄〉 전문

그는 어느 한 종교에 대해 천착하지 않고 자유롭게 자연을 노래하며 자신의 정서를 보듬는 생활을 하고 있음을 〈아침 풍경〉에서도 볼 수 있다. 속세의 일상을 맛는 시인의 정서 또한 자연을 관조하는 삶에서 시작한다. 뭉게구름이 초록 물을 풀어 능선 따라 내려앉아 산을 드러내는 모습을 아름다운 그림으로 묘사하며 아침 바람에 잠을 깬 새들과 풀벌레 소리를 풍경소리라고 노래하였다. / 한 겹씩 벗겨지는 / 얇은 옥수수 껍질이 / 하얀 미소 손을 내밀고 / 라는 표현은 시인이 맞이하는 하루의 일상을 여는 마음을 표현한 은유이다. 매일 맞이하는 하루를 여는 시인의 마음은 / 새들의 날갯짓에 실어 / 십자가 꼭대기에 앉아 / 하루의 꿈을 키운다 / 고 하였다. 이 시에 나타난 종교적 용어로 '풍경소리'와 '십자가'가 등장한다. 이것은 종교적 차원을 초월해 일상을 맞이하는 순수한 시인의 정서를 은유적으로 표현한 것이다.

뭉게구름 초록 물 풀어
능선 따라 사뿐히 내려앉아
아름다운 그림을 그린다

나뭇가지 새들은

바람에 흔들려 날아오르고

풀벌레 목청은 바람결 풍경소리

한 겹씩 벗겨지는

얇은 옥수수 껍질이

하얀 미소 손을 내밀고

그리는 마음

새들의 날갯짓에 실어

십자가 꼭대기에 앉아

하루의 꿈을 키운다

― 〈아침 풍경〉 전문

  시인은 계절을 노래하며 사는 사람이다. 시인(詩人)은 언어를 낳는 사람임과 동시에 시간을 노래하는 시인(時人)이다. 시간이란 계절을 노래하는 사람이라는 말이다. 철 따라 변하는 자연 속에서 삶의 의미를 은유적으로 표현하는 철인(哲人)이라는 말이다. 시인은 철학적 용어를 쓰지 않고 철학을 말하는 것이다.

〈겨울 수목원에서〉 / 머물다간 푸른 잎의 흔적 / 삭은 헝겊처럼 느슨하고 / 는 푸르던 잎이 삭은 헝겊처럼 낡고 퇴색되어 느슨하다는 표현은 나뭇잎을 통해 자신의 시간이 나뭇잎처럼 되어간다는 것을 말한 것이다. / 서리꽃 같은 그리움은 / 살갗으로 파고들어 / 라는 표현은 햇살에 녹아 사라지는 서리꽃 같은 그리움이 몸속으로 파고든다는 표현은 잊혀질 것 같지만 잊히지 않는다는 말이다. 여기서 '그리움'이란 사람에 대한 그리움이 아니라 지난 시간에 대한 그리움이다. 그러나 시인은 / 나뭇가지에 매달린 / 움트는 눈꽃이 되었다 / 라고 노래하며 절망하지 않는다. 눈꽃 속에는 다가올 봄에 필 꽃눈이 움트고 있기 때문이리라.

    산그늘 같이 늘어진
    하얗게 내려앉은 나뭇가지
    머물다간 푸른 잎의 흔적
    삭은 헝겊처럼 느슨하고

    서리꽃 같은 그리움은

살갗으로 파고들어

나뭇가지에 매달린

움트는 눈꽃이 되었다

- 〈겨울 수목원에서〉 1~2연

  이승은 시인은 세상을 살면서 외부 세계에 저항하면서 내면의 세계를 견고하게 지키고 있다. 세상에서 들리는 소리와 눈에 보이는 못마땅한 것들을 이겨내기 위해 자신과의 싸움을 하고 있다. 〈불꽃〉에서 / 난 하루에 / 한 번 폭탄을 / 안고 산다 / 는 표현은 늘 폭탄을 안고 산다는 말이다. 무언가로부터 나를 지키기 위해 임전의 태세를 갖추고 산다는 말이다. / 어느 한 쪽의 / 어둠이 된 / 그대들을 향하여 / 라는 말은 못마땅한 세상이 있는 것이다. 그러나 그의 손에는 폭탄이 없다. 그의 가슴이 폭탄이기 때문이다. 결코 폭탄을 던지지 못하고 / 슬퍼하다 / 괴로워하다 / 촛불 하나 밝힌다 / 라며 글을 맺는다. 행동으로 옮기지 못하고 촛불을 밝히고 기도하며 자신을 달랜다. 사람은 누구나 환경에 적응해 살아가면서 못마땅한 것을 보고 들으며 살아간다. 모든 생명체는 자신이 처한 환경에 민감하게 반응하며 적응하는 것이 생존의 법칙이다. 인간은 정서적 환경에 적응하며 살아가야 하는 것이 다른 생명체와 다른 점이다. 시인은 자기 정서를 보듬으며 사는 사람이기에 촛불 하나 밝히며 기도하는 것이다.

시인은 일상을 수도자처럼 살고 있다. 그가 〈삶〉이라는 시에서 / 시큰한 코끝에 바람이 스치면 / 퍼런 가슴엔 앓고 난 감기처럼 / 따스하게 속삭이는 봄빛 / 이라고 노래하고, 〈바다〉라는 시에서도 / 저 넓은 가슴이 / 파란 걸 보니 // 이 가슴도 / 퍼렇게 멍이 드네 / 한 것처럼 늘 자연과 조우하며 자신을 돌보는 마음은 수도자의 모습을 연상하게 한다.

마음을 자연의 거울에 비치며 자신을 찾는 삶의 자세가 경건하다. 세속에서 살아가면서 자연을 거울로 삼아 자신을 바라보며 시를 짓는 삶의 시인이다. 이승은 시인은 시를 지으며 풀꽃처럼 웃을 짓는 시인이다.

오름시인선 · 70
시를 지으며 풀꽃처럼 옷을 짓다

지은이 _ 이승은
펴낸날 _ 2023년 11월 30일
펴낸곳 _ 기획출판 오름 / 발행인 _ 김태웅
　　　　등록번호 _ 동구 제364-1999-000006호
　　　　등록일자 _ 1999년 2월 25일
　　　　주소 _ 대전광역시 동구 대전로 815번길 125 2층 (삼성동)
　　　　전화 _ 042.637.1486
　　　　팩스 _ 042.637.1288
　　　　E-mail _ orumplus@hanmail.net

ISBN _ 979-11-89486-93-8

값 12,000원

· 잘못된 책은 바꾸어드립니다.
· 지은이와의 협의에 의해 인지는 생략합니다.
· 본 책 내용의 전부 또는 일부를 재사용하려면 반드시 저자의 동의를 얻어야 합니다.
· 이 책은 한국예술인복지재단에서 발간비를 지원 받았습니다.